気持ちよく生きるための「ちいさな実行」

ひとり暮らしのお部屋と時間

あらかわ菜美

PHP

はじめに

このごろ、20代の女性に相談をされることが多くなりました。その相談というのは、転職の悩みと恋の悩みです。このまま今の仕事を続けていていいのかな……、彼と結婚したほうがいいのか別れたほうがいいのか……、彼女たちはとても真剣です。ましてや、ひとり暮らしをしていると、先のことが不安で仕方がなくなるのだと思います。

そうか、私もこんな時があった……。20代半ばを過ぎたあたりからが、人生のターニングポイント。みんな悩みながら、大人の女性に成長していくのです。

私もそうでした。

あの頃、私は……、夕暮れから夜になると寂しくて、まっすぐ家に帰りたくなくて、あっちこっちのお店に寄り道したっけ。途中、いいにおいのするお惣菜屋さんの前でふと立ち止まって、誰か一緒にいてくれる人がいたら人生がもっともっとハッピーになるのに……、なんて思ったこともあった。ポケットのお金を数えながら、なぜだか涙が出てきた。

そんな時の自分を振り返りながら、20代のひとり暮らしの女性に向けて、毎日をもっと楽しく心地よく暮らす方法を書いたのが、この本です。


ズバリ聞きますね。

今、あなたのお部屋はどうなっていますか？　家に帰った時に、あなたをやさしく迎えてくれますか？　ほっとくつろげますか？

あなたのいちばん大切な場所だから、あなたを愛してくれるお部屋にしましょう。この本の中の小さな習慣をひとつかふたつ続けるだけで、きっと家に帰るのが楽しくなるでしょう。自分のために食事をつくることも、お風呂も大好きになるでしょう。

自分のお部屋をもっともっと好きになって、ひとりの時間を楽しめるように工夫する……そうすることで、大人の女性へと成長していくのです。やがて、聡明な女性になり、きっと、仕事にも自信がつき、恋愛にも迷いや疑いがなくなるでしょう。

かわいい春の花から、夏の太陽に向かってりんと咲く花に成長していくでしょう。

気持ちよく生きるための「ちいさな実行」

Contents**

はじめに

Chapter 1

「やめる」だけで、片づいて、ゆとりも生まれる

聡明な女性はムダなことをやめます

1 タダでもらうのをやめたら、部屋の中に余分なものがふえなくなった ……14

2 寄り道をやめたら、お金と時間のムダ遣いがこんなに減った! ……16

3 衝動買いをやめたらお金が貯まるようになり、部屋もスッキリ片づいた ……19

4 メールをやめたらイライラがなくなって、彼ともうまくいくようになった ……22

5 ネットサーフィンをやめたら、間食しないで早寝、早起きのリズムに ……25

6 テレビのつけっ放しをやめたら、
2時間も時間が生まれた！……28

Chapter 2

片づいた状態を保つためのちょっとした工夫
聡明な女性は使うものを最小限にします

7 一カ所だけものを置かない場所を決めたら、
あら？ お部屋が広く見える！……32
8 ものの置き方を左寄せにしたら、
お部屋がスッキリ！……35
コラム 部屋の写真をときどき撮るとものがふえない？……37
9 チョイ置きのごちゃごちゃたちをひとまとめにしたら、
お掃除がカンタン！……38
10 鏡、時計、テレビの画面のほこりを拭くだけで、
お部屋がキレイになった！……40

11 時間がない時、使うものをいくつかに決めます……42
12 片づけって本当はとってもカンタン！ 元に戻すだけ……44
13 「迷い袋」があれば、あっという間にお部屋がスッキリ、気持ちもゆったり！……47

Chapter 3

バタバタしない理想の朝をつくる

聡明な女性は、朝、ゆったり目覚めて果物を食べます

14 パリの朝風景……ゆったり目覚めましょう……50
15 テーブルをキレイにするだけで、朝、ゆとりがつくれます……53
16 朝の果物がなぜ、からだにいいか知ってます？……55

17 いつもの朝の15分を
最大限に使えるテクは？……58
18 玄関のドアに
「ガス、電気、定期、携帯電話、サイフ」のメモを貼っておく……61
19 テーブルに、
「おかえりなさい」のごほうびを出しておく……63

Chapter 4

いい明日につながる夜の小さな習慣
聡明な女性は、バスルームと寝室を快適な空間にします

20 いやなことがあった日の夜、
1分で充実感に変えるテク……66
21 明日のことをストーリーにして、
頭の中で映像にしてみます……69
22 寝室はホテルのように
スッキリと清潔に……72

23 お風呂の鏡こそ女を映す大切な道具、キレイに磨いておきましょう……75
24 デトックスしてからだの中をキレイにしましょう……78
25 バッグの中にキレイなハンカチを入れておきましょう……81
26 笑顔をつくって寝ると、夢の中で笑ってしまうことも……83

Chapter 5

料理がしたくなる、使いやすいキッチン

聡明な女性はひとつのお鍋で、いろいろなお料理をつくります

27 ひとり暮らしの食事には、キッチン時短術……86
28 キッチンは道具が少ないほど、使いやすくて調理が早くできる……88

29 調味料を一本化して自分の味をつくりましょう……90
30 よく使うものは出しっ放しがいちばん便利でキレイ……92
31 グラスとお鍋が光っているだけで、清潔感あふれるキッチンに……94
32 お鍋ひとつでゆでる、煮る、炒める……97
33 ジャガイモとニンジンとダイコンをゆでておくだけで、いろいろな料理ができます……99
34 キッチンにグリーンがあると、まるで森林にいるみたい！……102
コラム **洗剤をかわいらしい化粧品の空き容器に詰め替えると、素敵なキッチンに**……104

Chapter 6

効率のいい勉強や読書のための工夫

聡明な女性はテーブルを知的な場所に変身させます

35 テーブルをキレイにすると奇跡が起こる！……106
36 テーブルを片づいた状態に保つコツ……110
37 すぐ、取りかかれるように勉強道具を出しておく……112
38 テーブルに辞書やゴージャスな雑誌を置く……115
39 たった5分でも続けると、頭がさぼらなくなるのです……117
40 わざと各駅停車に乗って寄り道しましょう……119

Chapter 7

心とからだのデトックス（アンチエイジング）
聡明な女性はからだが喜ぶための小さな努力をおしみません

41 1日24時間を3つに分けると2時間増える？……122
コラム からだと相談しながら、to doリストの順位を変えましょう……124
42 ムダをやめるとからだが喜びます……125
43 駅ではエスカレーターを使わないで、階段を歩く……127
44 からだをあたためるだけで元気になる！……129
45 笑うだけで心とからだのデトックス……131

装幀●石間　淳
イラスト●ヒラオアヤカ

Chapter 1

「やめる」だけで、片づいて、ゆとりも生まれる

聡明な女性は
ムダなことをやめます

1

タダでもらうのをやめたら、部屋の中に余分なものがふえなくなった

タダは得だから、もらわなきゃ損。

こういう心理はきっと誰にでもあることだけれど、タダでもらうのって結局、ムダなことが多いと思いませんか？　化粧品のサンプル、健康補助食品のサンプル、なんだかわからない小さな袋に入ったキャンディー……。

バッグの中に入ったまままつぶれていたり、引き出しの中がごちゃごちゃに詰まって開かなくなったり、テーブルの上でほこりをかぶったままだったり……、タダでもらうものってやっぱり困りものです。

でも、わかっていてもやめられない、オンナ心をくすぐる高級ホテルのアメニティーグッズのシャンプーやリンス。私も以前は、海外に旅行した時にもらわなきゃ損、と思って家に持ち帰ったことが何回かあったけれど、においがきつくて結局使わない

ものです。でも、せっかく苦労して持ち帰ってきたものを捨てるのはもったいない、というわけで、引き出しに入れたまま。食べ物と違って腐らないので、冬眠状態に。

結局、タダでもらうものって、ありがたみがないため忘れられてしまうのです。

ひとり暮らしをしている、ある女性のお宅に行って驚いたことがあります。ティッシュも割り箸もぎっしり。シャンプーハット、カミソリまでも……。

ああ、人間の本能でしょうか……。

「こんなものをもらってくるから部屋がごちゃごちゃになるのよ。今、マイ箸を持ち歩く時代よ。私だってスタバに行く時、カップを持っていくわよ」と、はっきり言いました。

タダでもらうのが好きな人にかぎって、家の中はものでいっぱい。自分の洋服も片づけられない人がどうして、ものを増やすの？

もう、そんなバカらしいことは卒業しましょう。

ただでもらうのをやめると、お部屋がごちゃごちゃしないし、捨てるに捨てられない……とイライラせずにすみますよ。

2

寄り道をやめたら、お金と時間のムダ遣いがこんなに減った！

私は雑誌などで「時間のつくり方」の取材を受けることがときどきあります。この時に、私が考案した時間簿®を読者の方につけてもらいます。時間簿®というのはタイムスケジュールのような表で、1日の行動が一目でわかります。

すると、ほとんどの人が寄り道をしているのには驚きます。

寄り道が悪いと言っているのではないのです。寄り道がクセになって、ついつい、何かを買ってしまう、つまり、なんとなく流されてしまうことがよくないのです。

たしかにひとり暮らしをしていると、まっすぐ家に帰るのはなんだか物足りない……、気持ちはわかりますが、でも、こわいのはこのマンネリ化した習慣。無意識に寄り道していることです。寄り道はあなたの大切なお金と時間を奪っています。

これをくり返しているかぎり、いつまでも進歩がありません。

「自分でも気がつかなかった。時間簿®をつけてみて初めてわかった」と本人もびっくり。

「せめて、寄り道する曜日を決めて、今日はがんばったからのんびり気分転換して帰ろう、とか、明日の朝は早いから今日はまっすぐ帰ろう、とか、何日も寄り道しなかったからまとめてたっぷり時間とお金のムダ遣いをしよう、って計画的に寄り道をしてね」とアドバイスしました。

さて。**寄り道をやめたら、どんな変化が起こったと思いますか？**

「お金と時間のムダがこんなにあった！」と気がついたのです。

そして、「不思議なことに、お金のムダ遣いをしないと気分がいいから、寄り道をしなくてもいい」というのです。

それってわかりますよね。寄り道はストレスを発散するため。でも、ついお金のムダ遣いをしてしまうから、それがもっとストレスになる、という悪循環。

この悪循環を断つために、とにかく、寄り道をやめましょう。

一度にやめられないなら、回数を減らしてみましょう。どんな変化が起こるか、楽しみながら挑戦してみてください。きっと、ゆったり時間とお金が貯まると思いますよ。

1回の寄り道で1000円使って、2時間つぶしているとして、1週間に2回寄り道をやめると1カ月で8000円、時間にして16時間をムダにせずにすむのです。

これだけの時間とお金を、もっと大切なことのために貯蓄しましょう。どれだけ、有意義な毎日に変わることでしょう。

3 衝動買いをやめたらお金が貯まるようになり、部屋もスッキリ片づいた

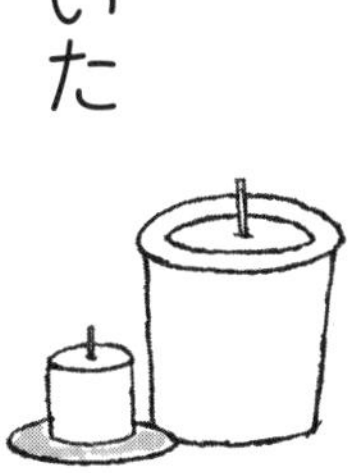

衝動買いって、誰でも一度はやってしまったことがあるのではないでしょうか。

だからなるべく、衝動買いをする環境に自分を置かないことが大切です。寄り道はもっとも衝動買いにふさわしい環境です。

それに衝動買いのものは、必要で買ったものでないから、ほとんど使わないし、やっぱり部屋の邪魔ものということに。**衝動買いしたものは、知らず知らずにお部屋を占領していく、恐ろしい存在です。**

それに、大切なお金を奪っていくのだから、そろそろ卒業しましょう。

衝動買いをやめると、ハッピーなことがいっぱい起こりますよ。

「お金が貯まって部屋もスッキリ片づく、こんないいことはないわ」と、ひとり暮ら

しをしている25歳のフリーター・Kさんは言います。Kさんは私に言われて、1週間、どんな時に何を買ったのか、手帳につけてみることにしました。

それでこんなことがわかりました。

「友だちと待ち合わせをしている時、外が暑くて涼しいお店に入った時、駅中を歩いて出口を探している時、見た瞬間、いいな、かわいい、ほしい、たったこれだけのことで、サイフからお金が出ていったんです」

携帯電話につけるストラップ、癒しのキャンドル、ナフキン、ネックレス、グラス……、こうしたものたちが部屋のあちこちに色あでやかにたまっていったとのこと。

そのせいか、お部屋が落ち着かないそうです。

「本当に必要なものが買えないで、くだらないものばかりが増えていきました」

もう衝動買いはしない、とKさんは決心して、家に帰るまでの間にお店のない道を選んで歩いてみたり、お友だちとの待ち合わせ場所を変えたりしました。

「衝動買いをしないとお金が減っていかないので、別にムリして貯めようとしなくても貯まっていくので楽しくなるの。お金が貯まるから欲が出てきて、もっと貯めようと思うようになりました」

さらにいい循環が働いて、気持ちがゆったりしてくると、部屋に派手な色がごちゃごちゃあるのが目ざわりになって、どんどん捨てたくなって捨てたそうです。すると、家の中がスッキリしてきたので、気持ちももっとゆったりしてきたとのこと。

寄り道をやめただけで衝動買いをしなくなる、それで、部屋がスッキリして気持ちもゆったりする。

Kさんは今、海外旅行のためのお金を貯めているそうです。

4

メールをやめたらイライラがなくなって、彼ともうまくいくようになった

読者の方の時間簿®を見ていて、もうひとつびっくりすることがあります。メールです。暇さえあればメールをしているのです。メールは便利なようですが、実はこれほど厄介なものはありません。

メールがどれだけあなたの心と時間を奪っているかわかりません。

私もさんざんメールで経験したことだから言えますが、メールは送信すると、必ず返信が気になります。

例えば、次の日に会う予定の人に、メールを送った時のこと。時間と場所の確認の文面に加え、たまたま珍しい花がベランダで咲いたので、花の画像を添付して送信したのです。

しかし返事は、「メールありがとうございます。了解しました」だけでした。「キレ

イな花ですね、初めて見ました」「心がほっとなごみます」などの言葉があってもいいと思うのですが……。相手は、忙しくて気が回らなかったのかもしれません。でも、そんな状況も考えず、ひとり、勝手にがっかりしました。

これは、ある女性から聞いたことですが、メールに顔のマークや絵文字を入れて彼氏に送信したら、この忙しいのにふざけるのはやめろと返信がきたそうです。

忠告しておきたいことは、好きな彼との間では、用件がある時以外、メールは特にNGです。

多くの女性がメールで関係を悪くしています。女性はメールで自分の気持ちを伝えるために字をこまごま書きますが、男の人はわりとあっさりしています。それに、すぐ、返信してきません。待つ時間のイライラは計り知れません。

どうして返信がないの、何かあったのかしら、自分のことがいやになったのかしら……と、余計なことばかり考えて仕事も手につきません。

部屋でのんびりくつろぎたくても、気になって気になって。

好きな彼だからこそ、メールはやめましょう。メールをしなければ、返信が気にな

らないのです。ダラダラとメールをするのではなく、会う日まで待ち、二人の時間を楽しむことで、素敵な大人の女性になれるのです。

聡明な女性はメールで心と時間をムダに使いません。

メールをやめてみたら、ムダな心配をしなくてよくなり、1時間かかっていた仕事が15分でできた！　早寝ができた！　これをご自身でぜひ体験して、喜びを味わってみてください。

メールはどれだけ失うものが多いか、ということがわかるはずです。

5 ネットサーフィンをやめたら、間食しないで早寝、早起きのリズムに

つい最近、ある雑誌で「1日24時間が26時間に増える」という特集インタビューの取材を受けました。

ああ、やっぱり、皆同じなんだなあ……、とひとりでくすくす笑ってしまいました。例えばある人は、ネットサーフィンをしていると、ついついだらだらして、目が疲れて目つきも悪くなり、それに、顔にパックしたのも忘れて気がついたら顔がカピカピになっていた、というのです。

多分、あなたも思いあたるのでは？

インターネットは必要な情報を手に入れるのに便利だけれど、ついつい余計なところに目がいってしまって、気づけば大して役に立たない掲示板を何時間も見てしまったりするものです。

私も少しはまったことがあって、2時間なんてあっという間。目は疲れてくるし、それでも、やめられないから、インターネットは不思議な世界ですよね。

ある女性は、やめようと思いながらもついつい掲示板を何時間も見てしまっていたそうです。その間、お菓子をつまんで食べたりするので、スナックのくずで周辺を汚してしまうし、髪も洗いっ放しのままで寝るので朝は寝グセがついてしまうという悪循環。

寝不足になるし、目を悪くするし、こんなムダなばからしいことから抜け出すのに、その女性、何をしたと思います?

「インターネットが二度とできないように、線を切りました!」というのです。すごい決断で、驚きました。

悪い習慣とわかっていながらやめられないものは、このくらい自分にきびしくしないとだめということでしょうか。

彼女は26歳で人材派遣の仕事をしているそうです。たまに私に電話をかけてきて、仕事や彼のことを相談してきます。

「ネットサーフィンをやめたら、間食をしなくなり、早寝、早起きのリズムになったの」と、イキイキしていました。

しばらくしてまた彼女と会って、さらにびっくりしたことがあります。クレジットカードを何枚も持っているとついお金を使ってしまうので、解約してハサミを入れたというのです。

九州から出てきてひとり暮らし歴6年。今では、フランス語を勉強するため、フランス人の家庭に習いに行っているそうです。

6 テレビのつけっ放しをやめたら、2時間も時間が生まれた！

ひとり暮らしをしていると、テレビがお友だち、と言う人がいます。

たしかに、シーンとした薄暗い部屋に帰ってテレビをつけると、急に部屋の中がにぎやかになりますもの。私も外から帰宅すると、テレビを真っ先につけます。で、ついつい、目がいって手がおろそかになりテレビの前に座り込んで、気がついたら、もうこんな時間！　ということに。

テレビのつけっ放しはどんなによくないか、子どものいる女性の時間簿®を見ると、はっきりわかります。

子どもが学校や幼稚園に行っている時間にこそ、自分の好きなことに集中できるはず。それなのに、テレビがついていたのでつい、ダラダラ見てしまって、自分のしたいことができなかった、とほとんどの人が言います。

これだけではありません。**テレビに夢中になってしまったために、お風呂のお湯があふれていた！　お料理をこがしてしまった……**。私も何度も経験がありますが、本当に悔しいです。

テレビのつけっ放しをやめると、ほとんどの人が「ダラダラしなくなった」と言います。私の友人ですが、1時間かかっていた仕事が15分でできたと言う人もいます。例えば1日2時間つけっ放しにしているとすると、テレビを消したら、1週間で14時間、1カ月で約60時間もの時間が生まれるのです。

集中すれば3分の1の時間でできるので、その余った時間を、勉強したり、お部屋を掃除したり、気持ちよくリラックスする時間として使うことができます。それに電気代の節約にもなるし、いいことだらけです。

Chapter 2

片づいた状態を保つための ちょっとした工夫

聡明な女性は
使うものを最小限にします

7

一カ所だけものを置かない場所を決めたら、あら？　お部屋が広く見える！

女性向け雑誌の片づけの記事で、アドバイスすることがよくあります。散らかるというより、テレビで見るごみ屋敷のように、ひどい部屋もあります。ひとり暮らしをしていると好きなようにお部屋が使えるので、いつのまにか散らかり放題になっていくのでしょうか。

片づけられない理由は、

●時間がない
●「いつか使うかも」と思って捨てられない
●面倒くさい
●ものをしまう場所がもうない

などがあるでしょうか。

「こんどこそ片づけるぞ！　と思っても、どこから手をつけていいのかわからない」と、皆さんこう言います。でも私のやり方はとってもカンタン。

とりあえず、一カ所だけ、ものを置かない場所を決めましょう。

それはどこだと思いますか？

テーブルです。**テーブルの上にものが何もないと、びっくりするほどお部屋がスッキリして広く見えます。**後の章で説明しますが、テーブルをキレイにするだけで、いいことがいっぱい起こります。風水でも言われることですが、テーブルは私たちの生活の中でとても重要な役目があります。

テーブルは毎日、朝から晩まで、いちばん使う道具。放っておくとどんどんものが押し寄せてきます。テーブルの上にはものを置きっ放しにしないで、使ったものは、すぐ戻すクセをつけましょう。

テーブルがキレイだと、したいことがすぐできるし、お料理をつくって食べる時ゆったりできるし、くつろいで本を広げたり、スキンケアしたりと、ひとり時間を充実させてくれます。それだけではなく、もっともっといいことが起こります！

とりあえず、片づけのできない人はテーブルの上だけでもキレイにしましょう。お部屋がスッキリ！　びっくりするほど広がりが出ます。試しにすぐ、やってみてください。

8 ものの置き方を左寄せにしたら、お部屋がスッキリ！

棚とか何かの台にものを置く時に、全部、左寄せにして並べると、片づいている状態に見えます。

あっちこっちのもの置き台や棚が、こっちの台は右側にパンパンに詰まって、こっちの棚の中は左側に倒れていると、だらしなくて家中がごちゃごちゃに見えます。それに気持ちも落ち着かないし、第一、使いにくくてイライラします。

そこで、ものを置くルールを必ず「左側」と決めてみましょう。

全部左側に寄せて置き、右側を少し空けます。**右側に少しスペースが空いていると、ものを取り出したりしまったりする時に、右にずらせるので動作がスムーズになるのです。** 左ききの人はこの反対です。

ルールを決めずに使っていると、すぐ、片側が詰まったりものがバラバラに倒れたりします。左側に置く形を徹底していれば、いつもお部屋がスッキリの状態を保てます。

どんなに片づけのできない人でも、左寄せにするくらいはできるはずです。曜日を決めて、部屋のものを全部、左寄せにするといいでしょう。私も、気がつくとすぐ左寄せにします。これをするだけで、部屋の中がスッキリします。

このやり方は、冷蔵庫の中もキッチンも下駄箱も本棚も、すべて同じです。

コラム

部屋の写真をときどき撮るとものがふえない？

部屋のスッキリした状態を、ときどき携帯電話で写真に撮るといいですよ。片づけ方がわからなくなったりした時に写真を見て、この状態がキレイだったと思い出します。そして、これ以上はものを置かないぞと決めて、ときどき写真を見ては、ああ、最近、ものがふえているな、と反省するのにとても役に立ちます。

私の友人は洋服を写真に撮っておいて、買い物をするときはそれを見て洋服に合った小物を選ぶそうです。それで衝動買いをしなくなったとのこと。携帯電話も使い方次第でスグレモノなんですね。あなたも、ぜひ、上手に使いこなしてください。

9 チョイ置きのごちゃごちゃたちをひとまとめにしたら、お掃除がカンタン！

ちょいと置いたものが部屋のあっちこっちにたまって、ほこりをかぶったままになってませんか？　しまうにしまえない、住所不定の困りものたち。きっとこの中には、タダでもらったものたちもいっぱいあるはず。

このチョイ置きが、部屋の中がごちゃごちゃに見え、イライラをつくる元凶なのです。このごちゃごちゃたちが、じつはお掃除をやりづらくしているのです。**本来は10分でできる掃除が、ものをどかしたりする手間で30分以上かかったりします。**

例えば、車を運転していても、砂利のあるところや何か障害物のあるところは、かなりスピードを落としたり、わざわざ車から降りて障害物をどかしたりします。この障害物のために、どれだけの時間のロスをつくり、気持ちのイライラをつくっていることか……。お部屋のごちゃごちゃも同じです。

ちょいと置いたイヤリング、爪きり、シュガー、ティッシュ、ハサミ、コースター、パソコンの部品、何かの取れたネジ、ボタン、輪ゴム……他にもいろいろあるでしょう。

元に戻せるものは元の場所に戻します。そして、ひとまとめにして、カゴか空き箱に入れます。できたら、しきりがあると、細々《こまごま》したものを分けて入れられるので、取り出す時に便利です。

また、テレビやエアコンのリモコンなども、あっちこっちにバラバラに置かないでカゴにひとまとめにします。

細々したものがないと、面倒なお掃除もカンタンに数分でできちゃいます。

10 鏡、時計、テレビの画面のほこりを拭くだけで、お部屋がキレイになった！

お部屋が汚く見えるのは、ものが散らかっているというより、置いてあるものがほこりをかぶっているからなんです。

どんなに豪華なものをキレイに飾っておいても、ほこりをかぶっていると美しく見えません。きっとその人も、それらのものを愛していないのだと思います。

映画などでこんな場面を見たことがありませんか？　美しいお城の中に入ると、豪華な家具やベッドやシャンデリアが昔のまま。でも、くもの巣やほこりをかぶっていて、不気味で恐ろしさを感じます。生気を吸われるようで逃げ出したくなります。

散らかるのは生活をしている証拠で、仕方がないこともあります。でも、**ほこりは部屋の中に生気がないということですから、ダメです。野菜やお花でいえば枯れてい**

るということです。風水からいっても、こういう場所には気が滞ってしまって幸運が舞い込んできません。

鏡や時計、テレビの画面のほこりを拭くだけで、お部屋がキレイによみがえります。枯れかけてしおれたお花が、お水をあげたとたん生き返ったように……。ガラス窓を拭くと心が磨かれるそうですが、家の中のほこりを拭きとるだけで、きっとあなたの気持ちもすがすがしくなるはず。

お天気のいい日は窓を開けて、太陽の日差しを部屋いっぱいにとりこんでみてください。そよ風といっしょにハッピーが舞い込んできますよ。

11

時間がない時、使うものをいくつかに決めます

お仕事をしていると、朝早く出かけて夜遅く帰るので、掃除も片づけもやっていられない、そんな日があると思います。

そんな時は、**掃除も洗濯も片づけもしなくていいように、極力、使うものを減らします。**

例えば、お風呂上がりにはバスタオルのかわりに、普通のタオル1本でからだを拭きます。

食事の時に使う器は、お茶碗ひとつとお皿1枚だけにします。お皿をいくつも使わないで、少し大きめのお皿でひとまとめにするのです。そうしたら、洗うのはひとつかふたつだけですみます。

洗面所もお風呂場も荒っぽく使わないで、水がはねないように、石鹸を少なめに出

して垂らさないようにと、少し気をつけるだけで、汚れないものなのです。

時間がない時は、あれもしなくちゃ、これもしなくちゃとイライラするより、ムダを減らして自分を楽な状態に保つことのほうが大切ですもの。

そして、**片づけ時間30分を、休息時間にまわします。**

時間がない時は、

- 汚さないようにする
- 使うものを、最小限にする

忙しい時こそ、できるだけゆったりからだを休めましょう。

12 片づけって本当はとってもカンタン！ 元に戻すだけ

片づけって、どうしてみんなできないのでしょう。私も片づけの著書を何冊か出していますが、書店に行っても、収納の本がいっぱい並んでいますね。片づけのできない人が多いから、こうして次から次に出るのでしょうけれど。

でも私は不思議なのです。なんで、片づけができないの？　あなたが自分で使ったものの片づけですよ。

実は片づけにはとっても簡単な法則があります。

●元に戻す

●捨てる

このふたつの動作をくり返すだけ。この練習をテーブルでします。このことを書いたのが『テーブルひとつから始める「お部屋スッキリ！」の法則』（大和出版）とい

う本です。この本を担当してくださった編集の方から、うれしい声で電話がかかってきました。

「この本を実践したら、8歳の娘が、自分のおもちゃをキレイに片づけたんです」

さきほど、テーブルは毎日いちばん使う道具だから、使ったものは元に戻していつもキレイにしておきましょう、と言いましたね。

毎日当たり前に使っているので気がつかないでしょうけれど、テーブルの上には、食べ物やお化粧道具、郵便物、仕事の道具、パソコンなど、ありとあらゆるものがやってきます。

もちろん、どれもあなたが持ってくるものです。家族のいる方は家族が持ってきたものが混ぜこぜになります。

置きっ放しのもの、チョイ置きのものがどんどんたまって、テーブルはますます狭くて使いにくくなっていきます。テーブルをスッキリ、キレイにするためには、持ってきたものを元に戻す、いらないものは捨てる、それをくり返すだけのことですが、ここで、困ったことが起こります。

●元に戻したくても元の場所がいっぱい

●捨てていいかわからない

ここで、ほとんどの人がハタと止まって、私は片づけができないオンナ、で終わってしまうのです。

そこで、迷っているものたちの、逃げ場をつくってあげます。

13 「迷い袋」があれば、あっという間にお部屋がスッキリ、気持ちもゆったり！

迷っているものたちの逃げ場として、「迷い袋」を用意します。大きくてざっくり入るものがいいでしょう。

「一時避難場所」「一時預かり」と考えてください。

これは片づけの上手な人、収納のプロも提唱しているやり方です。誰にでも、捨てられない、困ったものがあって、私も片づけがはかどらない時はひとまず「迷い袋」に入れます。

迷い袋は便利なのでなんでも入れてしまいますが、そのままにしないように。迷い袋の中にどんどんたまってしまっては、本末転倒です。

期限を決めて、必ず、処分します。処分する時に、もうひとつ迷い袋をつくり、どうしても迷うものは入れて、初めの迷い袋にサヨウナラします。

捨てるのがつらい時は、私は「ありがとう」と書いて袋に入れます。

捨てるつらさを経験すれば、ものを増やさない、タダでもらわない、自分に成長していくのです。


テーブルの「元に戻す」「捨てる」のコツがつかめるようになったら、クローゼット、本棚、キッチン、下駄箱、冷蔵庫の中、を同じようにします。

片づけの基本は同じなので、お部屋全体に応用ができます。

そのためにも、テーブルの上がいつもキレイにキープできるようになりましょう。

スッキリした快適な部屋、ゆとりの時間はテーブルから生まれます。

Chapter 3

バタバタしない
理想の朝をつくる

聡明な女性は、朝、ゆったり目覚めて
果物を食べます

14

パリの朝風景……ゆったり目覚めましょう

朝、布団の中でゆったり気持ちよく目覚めるために、私は好きな風景をイメージします。

今朝はどこの風景にしようかな、朝露が光っているどこかの草原……もいいけど、やっぱり、フランスにしよう。パリの朝や、忘れられないロワール地方のお城のある風景。

美しい緑とゆったりした川が流れている風景の中にたたずむシュノンソー城。ルイ14世も訪問しました。

川の水がキラキラと朝日に輝いて、木々の葉っぱたちはそよそよと風に揺れ……その風景を描きながら朝、ゆったりと目覚めます。

まるで、お城のお姫様になったような気がしてくることがあります。

からだをクネクネ動かしたり、手をグー、パー、と10回、足の指も、そらして曲げたりを10回、そして、自転車のペダルをこぐつもりで、右、左とひざを立てる、伸ばすを5回、首を左右にゆっくり5回。

「今日はいいことがある、今日はツイてる。ありがとうをいっぱい言おう」

声にして10回言って、

「今日はいいことがいっぱい」

と言って起き上がります。

そして、窓を開けて、朝の新鮮な空気を思いっきり吸って、

「今日もよろしくね」

と、朝日にあいさつします。

こんなふうに、朝の目覚めを自分好みの風景にするなんて、素敵だと思いませんか？

携帯電話の待ち受けの画像と同じで、その日の気分で、海の風景、花の風景、それから、映画のシーン、いつかどこかで見た風景でもいいのです。

気持ちがゆったりする、心がやさしくなれる、風景。

時には、今日は忙しくて、脳を刺激したい時は、元気をもらえるシーン。

なので、朝の目覚めのシーンを、頭の中にフォルダをつくって保存しておくといいかもしれません。

15 テーブルをキレイにするだけで、朝、ゆとりがつくれます

あなたのテーブルの上は今、どんな状態ですか？　あなたの性格と気持ちのゆとり度が、テーブルの上に、そのまま現れています。

食べたものの残り、コーヒーを飲んだ時のカップ、使ったものがそのままになってない？

それと、こんなものもあるのでは？　**ずっと置きっ放しで、意識して見たことすらないものたち。かわいいと思って衝動買いしたもの、タダでもらったもの。**

そう、そのものたちがあなたをイライラさせて、朝のバタバタの原因をつくっている犯人なのです。

朝起きてテーブルのごちゃごちゃを見ただけで、うんざり。ゆったりと朝食を食べて、あったかいスープを飲んで、今日のスケジュールを見直して、キレイにメイクを

して、いい1日にしよう、なんて、そんな気も起きない。

テーブルの上のごちゃごちゃの中に、口紅、カギ、携帯電話、サイフがまぎれこんで、必死に探すことになるでしょう。


仕事のできる人のデスクはキレイですよね。

デスクがスッキリしていると仕事の能率が何倍もアップします。それとおんなじ理屈です。

あなたのテーブルもキレイにスッキリさせましょう。朝のゆとりを何倍にもしてくれるのです。


朝、30分しかなくても、バタバタしなければ何倍もゆったりできるのです。

明日の朝のために、テーブルは寝る前にスッキリさせておきましょう。

テーブルがスッキリしていると、忘れ物もしなくなります。

16 朝の果物がなぜ、からだにいいか知ってます？

ひとり暮らしをしていると、果物を食べることってあまりないかもしれません。

果物は、朝食べるとすごくからだにいいそうです。

もともと果物の好きな私は、毎日おやつがわりに食べて欠かしたことがありませんでした。ところが、朝に食べるほうが効果があると知って、毎朝、ミックスジュースにして飲むようにしました。

なぜ、朝、果物がいいのか。これは、ぜひ、みなさんに知ってほしいことなので、専門的になりますけど書きますね。

「酵素」という言葉、最近、雑誌や本でもよく出てくるようになりましたね。ネットで調べると出てきます。時間がある時に検索してみてください。

現代人は加工食品のとりすぎで酵素が不足し、老化や病気の原因をつくっているといわれています。酵素は生の食品に多く含まれています。

次の話は健康セミナーで聞いたことです。1900年代のアメリカのあるサナトリウムで、ほとんどの患者たちが順調に快方に向かっていくので、酵素栄養学の権威エドワード・ハウエル博士はそのサナトリウムに勤めることにしたそうです。そうしたら、患者たちの食べ物は、朝は果物、昼と夜はほとんど野菜でした。そこから考え、生の食品には何かが含まれているのではないか、ということで調べていって見つけたのが「酵素」だったのです。

私はある時、びっくりするほどお肌のキレイな女性と知り合いになりました。「化粧品は何を使っていらっしゃるの？　お手入れは？」と聞きましたら、その女性は栄養士さんで毎朝、食事前に生のミックスジュースを飲んでいるとのことです。とにかく、お肌が元気ではつらつとしているのです。

生の果物や野菜は人間のからだに本当に必要なものなのですね。

こうして、朝の果物がからだにいいということを知ってから、私は毎朝、果物のフレッシュジュースをつくって飲むのが習慣になりました。

ああ、からだが喜んでいる、今日の私のエネルギーになるのだ、大事に使おう……、いい1日にしなくちゃ果物たちに申し訳ない、という気がしてきます。

みなさんも、朝、果物を食べるように心がけてみてください。きっと、からだが喜ぶと思いますよ。季節に出回るもの、みかん、リンゴ、柿、ぶどう……。

中でも特に、バナナは安くてカンタンに1本まるごと食べられて、ひとり暮らしの女性の朝メニューにぴったりですね。忙しい朝こそ、バナナだけでも食べるようにするといいと思います。

それと、朝、ミネラルウォーターをコップ1杯飲みます。ただし、冷蔵庫に入れてあるものはからだを冷やすので、私は朝の水は夜寝る前に冷蔵庫から出しておきます。

17 いつもの朝の15分を最大限に使えるテクは?

朝は本当にバタバタになりがちです。

ひとり暮らしをしていると誰も起こしてくれないし、他の人の音がしないので、よほど意識しないと朝寝坊してしまいます。

時計を見ながら、せめてあと5分、2分、ああ、神様……遅刻しちゃう、助けて。ストッキングをはこうとしたら伝線が、しかも足首の目立つところ! イヤリングの片方がどこかに消えちゃった。どこどこ……。

朝はアクシデントの連続。時間がどんどんたって、ますますあせります。

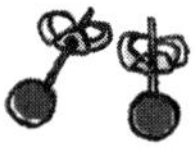

さあ、ゆったり時間をどうやってつくりましょうか?
本来なら、いつもより30分早く起きればいいことですが、それが無理なら、いつも

の15分をゆったり、最大限に使うことを考えましょう。

いつも朝していることを、前の夜にしておきます。

朝食はすぐ食べられるように、夜の残りものと一緒にひとまとめにしておく。おにぎりをつくっておいて、朝になったらレンジでチンして、片手でほおばって食べると言う人がいますが、たしかに片手で食べられれば、他のことができるのでいいですね。

コーヒーカップは出しておいて、お湯を沸かすお鍋もキレイに洗ってキッチンに出しておきます。

それと、ゴミ出しの準備も前の夜にしておいて、朝は持って出てポンと出すだけ。

朝の仕事を朝しない、つまり、いつもの習慣を反対にするだけのことです。

「先にやっておく」という考え方です。

朝と夜にしていることを逆にすることもできます。

こんな人がいました。朝、夕食の下ごしらえをして、おかずを一品つくっておく、というのです。そうすると、夜、疲れて帰ってきてもゆったりできるというのです。

私も、朝と夜の仕事を逆にしています。

忙しいほど、「先にやっておく」ことが大事です。同じ朝の15分でも、やらなければならないことに追われるより、「やってあるから安心」の15分にすればいいのです。

あなたも、朝、いちばん時間のかかること、手こずることを、前の夜にしておくと、びっくりするほど時間の余裕が得られますよ。

ストッキングやイヤリングなど、朝使うものは、必ず前の夜に用意しておくのがいいでしょう。

18 玄関のドアに「ガス、電気、定期、携帯電話、サイフ」のメモを貼っておく

朝、他のことに気を取られていたり、考えごとをしながら靴をはいて家を出ると、駅に行く途中、もしかして……、カギ、かけたっけ、携帯電話は持ったよね、ちょっと待って、エアコンは消したかな……。

こんなふうに、「もしかして」という不安が次から次に頭に浮かんできて落ち着きません。

これは、誰にでもあることです。**ひとり暮らしをしていると、朝、時間がなくて家を飛び出すような場面もあるでしょう。** でも、きちんと自分で管理しなければ、誰も守ってくれないですものね。

なんだか気持ちが悪いし、家に戻ってみることもあります。何ごともなかったり、やっぱり、エアコンの電源を切ってなかったりすることがあるので、目で確認するま

で安心できません。

でも、これって、ムダなエネルギーと時間の支出ですよね。

そうならないために、「ガス、電気、定期、携帯電話、サイフ」と大きい字で書いたメモを、玄関のドアに貼っておきましょう。

私も貼っていますよ。必ず、ひとつひとつ声を出して確認しています。

気持ちよく安心して、家を出ましょう。

そのためにも、朝はバタバタしないことです。

それから、朝は小銭をいつも多めに持っていると、いざという時に助かりますよ。

19 テーブルに、「おかえりなさい」のごほうびを出しておく

外から帰って家に入った時、ほっとくつろげる空間があると、どんなに落ち着くでしょう。

きっと、テーブルがキレイだと、バッグをポンと置いて、上着を椅子にちょいとかけて一息つくでしょう。

そう、疲れたあなたをやさしく迎えてくれるのは、テーブルなのです。そのスッキリした空間が、あなたをゆったりさせてくれるのです。

もし、そのテーブルに、疲れたあなたのために、キャンディーとか大好きなクッキーが置いてあったら、きっと、ほっとするのではありませんか。そして、バッグの中から、本屋さんで買ってきた雑誌を出して広げながら、クッキーをひとつ、口の中に入れるかもしれませんね。

ふわっとした甘さに心地よくなり、雑誌に載っている料理をつくってみたくなるかもしれません。あるいは、キレイな女性がしている美肌づくりを、自分もお風呂でしてみようと思うかもしれません。

この小休止はエネルギーになり、夜の時間をいつもの何倍も充実させてくれるはずです。

あなたをやさしく迎えてくれるテーブルの空間を、朝、つくってから出かけましょう。

朝のゆとりをつくるために、夜、寝る前にテーブルの上をキレイに片づけてスッキリさせておくのと同じ方法です。

朝、使ったものを元の場所に戻して、要らないものはゴミ箱に入れ、残りものは冷蔵庫に入れて、テーブルをキレイに拭いて、椅子にかけてあるものも必ず、元に戻しておきます。椅子は洋服やショールをちょい置きするのにとても便利だから、いつでも使えるようにしておきましょう。

テーブルの上に「おかえりなさい」のごほうびを忘れずに。きっと、家に帰るのが楽しくなるでしょう。

Chapter 4

いい明日につながる夜の小さな習慣

聡明な女性は、バスルームと寝室を快適な空間にします

20

いやなことがあった日の夜、1分で充実感に変えるテク

毎日、いいことばかりが起こるとはかぎりません。

誰にでもいやなことがあったり、ささいなことのようだけど、誰かの言った言葉で傷つくこともあります。そうしたいやな気分をひきずっていると、せっかくの夜が憂《ゆう》鬱《うつ》になるし、布団に入っても気持ちよく眠れません。当然、次の朝は目覚めもスッキリしないでしょう。

そこで、私はこんな手を使います。つい、後回しにしている雑用を片づけるのです。

今日はまだ終わってない。

今からでも間に合う！

例えば、トイレ掃除。と言っても完璧に掃除しなくてもいいのです。一カ所キレイ

に磨くだけでも、今日という日をムダに過ごさなかったぞ、と満足感に変わります。

他にも、お鍋をキレイにピカピカにする、じゅうたんのシミを取るなど、ふだん後回しにしていること、なんでもいいのです。

私はつい最近、こんなことをしました。

物干しハンガーのピンチが取れて数が少なくなり、洗濯物を吊るす時にとても不便でした。これを直しちゃおう、というわけで、ピンチをひとつひとつ付け直したら、なんと！　物干しハンガーがすっかり生き返って買う必要がなくなりました。

それと、洋服のボタンやスカートのほつれを直しました。いつかやろうと思いながら、ついそのまま冬眠させているスカートを、わずか5分で修理して、また、明日から着られると思うと、なんだか、得した気分に！

小さなことだけど、今日をムダにしなかった証拠をつくると、とても気分がいいのです。

こんな手を使うこともあります。

いやなことがあったついでに、あえて他にもいやなことをします。

ふつうはいやなことがあると、気晴らしに楽しいことをするでしょうけど、私は違うのです。

ついでに、いやなことをふたつでも3つでもやろうって気になります。

例えば、こんなことがありました。

パーティに誘ってくれた友人に、お断りの電話を入れたのです。せっかく誘ってくださったのだから、なんだか断りづらくて、気にしながらどうしても断りきれなくて、ずっと憂鬱でした。勇気を持って断りの電話をしたら、なんだか、気持ちが楽になり、すごいことをなしとげたような自信に変わりました。

プリンターのインクの取り替え、玄関にだらしなく出ている靴を磨いて箱にしまう、どれも、1分か5分もあればできることばかり。

今日をムダにしなかった。その気持ちが、もっといい明日につなげようとプラスに蓄積されていくのです。

聡明な女性はいやなことを短時間でまとめて処理し、大きな喜びを得ます。

21 明日のことをストーリーにして、頭の中で映像にしてみます

明日をどんな1日にしたいのか、私は自分でストーリーをつくります。

ワンピースを着て、ショールを肩にかけて、白いヒールの低い靴をはいて、きっと明日は暑いから、のどが渇いても心配ないように麦茶をバッグに入れて、電車に乗る。乗り換えは渋谷がいいか、永田町がいいか、エスカレーターが長いから、歩いて何分かかる？　出口は何番？

こんなふうにイメージして、明日着る洋服も乗り換えの出口も、頭の中にインプットします。

みなさんも仕事でプレゼンや商談をすることもあるでしょうし、慣れない仕事をすることもあるでしょうし、職場には苦手な人もいるかもしれません。

できるだけいい明日にするために夜、予行練習しましょう。イメージするのは訓練でできます。もちろんそのためには、夜、気持ちがゆったりしてないと、いいストーリーと映像になりませんけど。この小さな習慣が、本当にいい明日につながっていくのです。

とくにイメージをしてほしいのは、苦手な人と会うシーンです。人好きの私でも、こういうタイプは何から話していいかわからない、という人がいます。でも、その人の好きなところを見つけるように、いろいろ想像力を働かせます。

Aさんは子どもの時、どんな子だったのかな、おとなしい子だったのかな。音楽の時に大きい声で歌ったのかな、運動会の時のおゆうぎはかわいかったろうな。初めての恋はどんなだったのかな……って。

こんなふうに想像すると、人間ってみんな、一緒。ごはんも食べるし、トイレも行くし、風邪ひいて鼻水をたらすこともあるだろうし、悩みもあるだろうし、家に帰れば奥さんに「お風呂の電気、また、消し忘れたでしょ」なんて言われているかもしれないし。

そう思うと、いとおしくて大切にしてあげたくなります。そして、好きになります。

つい最近、脳科学者の茂木健一郎さんの講演を聴きました。脳は喜びの回路をつくると、どんどん、ドーパミンを出して喜ぶことをするそうです。

想像しながら心がほころんでくる、その心で人と接すれば、きっと明日はうまくいくものなのです。

22

寝室はホテルのようにスッキリと清潔に

あなたのベッドはどんな状態ですか？　枕元にものがたくさん散乱していませんか？

もし、布団の中にまで携帯電話を持ち込んでネットやメールをしているようなら、もう、やめましょう。

それと、本を何冊も布団の横に積んでいる人がいますが、夜中にトイレに起きた時などに崩れてきて、本が傷《いた》んだり、本につまずいて転ぶ危険もあるので、やめましょう。

また、布団の上に洋服を脱ぎっ放しにしておくのはやめましょう。

寝室がごちゃごちゃしている人ほど、朝、バタバタして、探しものに追われています。

ベッドは寝るための場所です。

聡明な女性は、寝室をホテルのようにスッキリさせています。

いい明日にするために、疲れたからだを休めることをとても大切にしているからです。

なにも豪華な羽毛布団や、レースのカバーでなくてもいいのです。

洗濯したての清潔なシーツと太陽のもとで干したふかふかの布団があれば、幸せを感じながら心地よい眠りにつけるでしょう。

心地よい眠りは、朝の目覚めもスッキリして、いい1日につながっていくのです。

人生の約3分の1が寝ている時間なのです。寝ている間も、ずっと空気を吸っているわけですから、寝室の空気をキレイにしましょう。

できれば、窓を開けて部屋の空気を入れ換えるといいのですが、住まいの状況やその日の天候によって窓を開けられない日もあるでしょう。

そこで、私のとっておきの方法を教えますね。

霧吹きやスプレーの空き容器にミネラルウォーターを入れて、シュッと部屋中に吹きかけるのです。

すると、空気が浄化されるのです（やり過ぎて布団をぬらさないようにね！）。

テレビを見て知ったのですが、こうすると森林にいるように空気がさわやかで、滝のそばにいるくらいのマイナスイオンが出ているそうです。これが、脳にすごくいいらしいのです。

ミネラルウォーターでお部屋の空気がキレイになるなんて、素敵だと思いませんか？

あるテレビの番組でモデルを使って眠りの実験をしました。夜なかなか寝つけない人、眠りが浅い人が数人、ミネラルウォーターで寝室の空気を浄化したら、なんと熟睡できたのです！

ぜひ、みなさんも試しにミネラルウォーターで、お部屋の空気をキレイにしてみてください。

23 お風呂の鏡こそ女を映す大切な道具、キレイに磨いておきましょう

お風呂は女を磨くところ。ある時から私はそう思うようになりました、だいぶ前のことです。とある温泉に行った時のこと。

美しい女性が頭に上品なタオルをきちんとまいて、鏡に自分のからだを映して丁寧に洗っているのです。やわらかな石鹼のあわをからだにまんべんなくつけ、ゆっくりなでるように指を滑らせ、首筋やバスト、足を丁寧にマッサージしているのです。

そのしぐさと指の美しさ、私は見ぬふりをしながらも、思わず見とれてしまいそうでした。お風呂はからだをごしごし洗って、髪をザーザー洗う場所と思っていましたが、本当は女を磨くところだと、初めて知ったのです。私もあの女性のようになりたい……、ひそかな憧れを抱いていました。

たしかに、女性は好きな彼に愛されたいと望んでいるのだし、その肉体を自分で大切にいたわって愛してあげるのは、とてもいいことだと思います。

もしかしたら、あの女性は誰かに恋をしていたのかもしれません。

自宅のお風呂はホテルのようなわけにはいかないけれど、せめて、**鏡はキレイに磨いておきましょう。自分のからだを鏡に映して、もっとキレイな女性になりたいと念じながらいたわってあげましょう。**

自分のからだのどこが好きですか？　チャームポイントはどこか知っていますか？　手の指が好き、首筋が好き、足が好き、お尻が好き、バストが好き、人それぞれです。

「自分のからだでここが好き」という部分を見つけて、愛してあげましょう。

鏡に映っているその時の顔は、きっと自分でもびっくりするほど、オトナの美しい女性の表情をしているはずです。その顔を見てうっとりして、愛される幸せを願い、そうして、女が磨かれていくのだと思います。

石鹸を置くところも、汚れたものを捨てて、必要なものしか置かないことです。ホテルの洗面所がいい見本です。あのくらいスッキリさせましょう。

ごちゃごちゃあると、掃除も手間がかかって余計に汚れがひどくなります。それでは、女を磨くどころか、お風呂は落ち着かない、イライラする場所になってしまいます。

24

デトックスしてからだの中をキレイにしましょう

デトックスとかアンチエイジングという言葉は、雑誌やＴＶでよく特集するので、知っていると思います。

デトックスはからだの中の悪いものを出しましょう、アンチエイジングは若返りということらしいですが、あなたは何か取り組んでいますか？

私はいろいろやっています。

そのひとつが、リンパマッサージです。

私のリンパマッサージのやり方は、老廃物の流れをよくするように、リンパ節を指でやさしくマッサージします。

リンパ節は、からだのあちこちにありますが、主に、鎖骨、脇の下、ひざ裏、そけい部……などにあります。

顔のマッサージをする時は鎖骨（首の下のくぼんだところ）のリンパ節を丁寧にします。

目が疲れた時も目のまわりをそっとマッサージしながら、老廃物を寄せ集めるような気持ちでこめかみから首に沿っておりてきて鎖骨、脇の下のリンパ節を丁寧にマッサージします。

リンパマッサージはお風呂でからだを洗いながらできます。

いつもなら、なんとなくからだを洗っていたのを、意識してからだの老廃物をリンパ節に寄せ集めるようにして洗います。

と言っても、こういうことって活字で説明されても理解しにくいものです。

ただ、知識として知っておいてくださると、思い出した時や雑誌に載っているのを見た時にすぐ応用できますからね。

からだの中の悪いものは病気の元になるので、ためないようにすることです。心の中にも悩みやいやなことをためたままにすると、いい明日になるはずもありません。

クヨクヨ、イライラがいちばんからだによくありません。だから、気分転換したりしてリラックスして、心をスッキリ晴らすのです。

あったかいお風呂に入りながら、リンパマッサージをするととても気持ちがいいですよ。休日は昼間からお風呂に入って、音楽を聞きながらゆったり過ごすのもいいかもしれません。

25 バッグの中にキレイなハンカチを入れておきましょう

夜、バッグの中を全部、空っぽにします。

サイフの中の細々した領収書やカードをキレイに並べて、要らないものは処分します。手帳も、はさんであるものを出して、スッキリ使いやすくします。化粧ポーチの中身も汚れたものを捨て、口紅のふたがゆるんでいればしめなおします。

バッグの中のデトックスですね。

そして、空っぽのバッグの中に、まずキレイなレースのハンカチを忘れず入れます。

以前カフェで、レースのキレイなハンカチをひざにさりげなく置いている女性が目に止まりました。その人のしぐさが美しくて、品格がにじみ出ているように映ったのです。

また、知り合いのメイクアップアーティストさんがこんなことを言っていました。

顔を美しく見せるのにハンカチをひざに置くと、ハンカチの色が反射して顔が美しく映えるというのです。

そうか……。ハンカチひとつで……と、深く感銘を受けたのです。

それから、レースのハンカチを持つようにしたら、本当に自分でも不思議なくらい上品になるような気がしてきたのです。

レースのハンカチは、もともと何枚かプレゼントでいただいたものがあったのですが、引き出しにしまったままでした。正直言って、ミニタオルのハンカチが実用的で、いつもこのタイプのハンカチを何枚も買って使っていました。

たかがハンカチと思うかもしれませんが、持ち物ひとつで人は変われるということを実感しているこの頃です。

明日はこのキレイなハンカチにふさわしい自分になりたい、そう夢見ながらハンカチを大切にビニールに包んでバッグの中に入れておきます。手を拭くミニタオルのハンカチも一緒に。

あなたも素敵なハンカチをバッグに入れて、素敵な明日になりますように……。

26 笑顔をつくって寝ると、夢の中で笑ってしまうことも

最近、顔筋マッサージのことが雑誌や本に出ているので、あなたも見たことがあると思います。

顔のシワや表情は、筋肉のクセらしいのです。このことを知り、「そうか、シワは年齢のせいで仕方がないとあきらめていたけど、筋肉のクセを元に戻してやればシワが消えるのだ」と、私みずから体験してわかりました。

笑顔のキレイな人は顔の筋肉にそのようなクセがついているので、黙っていてもほほえましい表情をしていますものね。そういう人を見るとうらやましいです。

私が美しい笑顔をつくる時というのは、雑誌の撮影の時ぐらいで、その他は、執筆をしたり、図書館で難しい本を読んだり、時には家事をしながらイライラしたり、なので、かわいらしい表情筋ができる暇がないのです。

そこで、夜、床に入ってCDを聞きながら、笑顔をつくって寝るようにしています。くちびるの両端をグッと上げて、目のあたりもやさしく……。笑顔なので心もほんわかとしてきます。そのうち、寝てしまうのですが、夢の中で私が笑って、その声で目を覚ますこともあります。

ひとり暮らしの女性で、夜、怖い夢を見るので電気をつけたまま寝るという人がいたので、「ムリしてでも笑顔をつくって寝てみたら」と教えてあげました。試してみると、怖い夢を見なくなったそうです。

不思議なことに、朝、起きて鏡を見ると、顔がやさしい表情になっているのです。

ストレッチは寝る前にするといいと言いますが、顔の筋肉も夜、寝る前にほぐしてやさしい表情に筋肉のクセをつければ、目覚めもいいと思うのです。

あなたも試しにやってみてください。きっといい明日になりますよ……。

Chapter 5

料理がしたくなる、使いやすいキッチン

聡明な女性はひとつのお鍋で、
いろいろなお料理をつくります

27

ひとり暮らしの食事には、キッチン時短術

今日はお料理をつくって食べたい！

でも、何をつくろうかしら……。グラタンもおいしそう、インドカレーもおいしそう……、お料理雑誌を見ながらあれこれ迷って、5分でできる料理！　材料費が100円！　これに決めた！

ところが実際につくってみるとどうでしょう。5分のはずが40分かかり、100円のはずが600円もかかっちゃった。ああ、キッチンは、汚れたお皿とゴテゴテのお鍋、なんてことありませんか？

お料理は思った以上に手間とお金がかかるのです。

『これでラクになる！「キッチン時短術」』（リヨン社）という本を2006年に出

しました。ひとり暮らしをしている女性にぴったりの本だなあ……と今しみじみ、中を開いて見ています。料理がニガテ、片づけがキライ、他にやりたいことがいっぱい、自分の時間や休日をつぶさないためのアイデア。キッチンの仕事をいかに楽にするかという内容の本です。

主婦でもある私は、夫や子どもに食事とお弁当とおやつを長年つくり続けてきて、お料理をつくるって大変な仕事だなあって、つくづく思います。何しろ、朝から晩までキッチンに立つわけですから。どうしたら毎日のお料理をカンタンにできるかしら、といつも考えています。

きっと経験がある方も多いと思いますが、5分でできるスピード料理が、実際は5分でできません。なぜなら、**材料を仕込む時間、片づけの時間が入ってないからです。**ではどうしたら、料理をさっとカンタンにつくれるようになるか。私はお料理の先生ではありませんが、私の工夫を次項からご紹介します。ひとり暮らしをしていると、つい外食になりがちでしょうが、なんでもいいから自分でつくって食べてほしいと思います。

28

キッチンは道具が少ないほど、使いやすくて調理が早くできる

同じ調理をするのに、15分でつくる人もいれば、30分も40分もかかる人もいます。どうしてでしょう。キッチンが狭くて使いにくい、広いから使いやすい、それもあるでしょう。でも、それだけではありません。

キッチンは火と水と包丁を使う、そして、頭とからだを使う大変な場所です。

火を使いながら同時進行で、水を使う、食材を洗う、切る、煮る、焼く、炒める、味付ける、冷蔵庫から出す、解凍する、火を弱める、水を止める、汚れものを洗う、道具をしまう……複雑な作業の連続で、一瞬たりとも気が抜けません。

電話で話に夢中になっていたら、ああ、鍋がふきこぼれるー、焦げちゃった、せっかくのお魚……。その後片づけもまたまた、一仕事。

料理はスピーディさが最も重要です。狭いキッチンで道具をあれこれ使うと、ます

ますキッチンは使いにくくなります。

道具が少ないほど、調理の効率がいいのです。

例えば、ボールを大、中、小、ザルを大、中、小、鍋を大、中、小、とそれぞれ何種類かそろえている人が多いと思います。

私も以前はそうでしたが、実は今は、ボールが1個、ザルが1個です。

ある日料理をしているとき、ボールを他のものに使っていて、入れる器がなくて困ってしまいました。そうだ、鍋をボール代わりに使えばいい。とっさに鍋をボール代わりにしました。なーんだ、1個でいいのだと、そのときわかったのです。

これをきっかけに、鍋は煮るもの、ボールは材料を入れるもの、ざるは水を切るもの、という今までのこだわりをやめることにしました。

鍋をボールの代わりに使ってもいいのです。こうしてひとつの道具をほかのことに使いまわして、できるだけ道具を増やさないようにしました。

道具が少ないほうが、調理も早くて片づけも楽なのです。

キッチンがスッキリしていれば、気持ちもゆったりして、お料理を楽しくつくれます。

29
調味料を一本化して自分の味をつくりましょう

お料理の本を見ても、料理番組を見ても、必ず、調味料の配分が出てきます。「みりん大さじ３　おしょうゆ大さじ３　酒小さじ２」など。私は長年、お料理はこの通りにしないとダメだと思いこんできました。

お鍋がグツグツ煮えてくるところに、おしょうゆを大さじで量って入れたり、お酒をイチ、ニ、サンと量る……。火は待ってくれないので、あわててガスの火をゆるめたり、強めたり……。

レシピの通りに調理をしているのに、出来上がったお料理は、濃い味だったり甘すぎたり。なんだかいつもと味が違う、そんな時は、くやしいやら切なくなるやら。

どうして、調味料をきちんと量っているのに味が違うのか考えてみたら、謎がとけました。

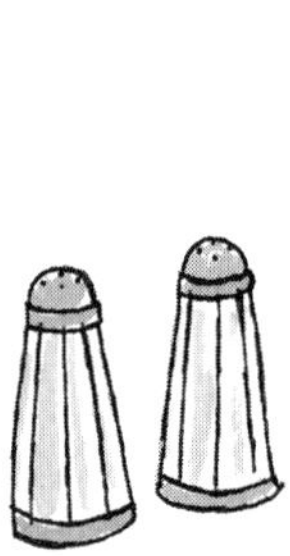

例えば、キャベツの代わりに白菜にすると水分が多く出るし、ダイコンひとつとっても、すぐ柔らかくなるもの、固いもの、からいもの、いろいろです。調味料もメーカーによって薄口だったり、濃い口だったり、味がいろいろです。

こんな面倒なことに手間をかけるより、そうだ、自分の好きな味を決めて、これでいこう！　と、ある時から料理の考え方を変えました。

例えば、わが家は和食が多いのでおしょうゆだけで味付ける。そのかわり、今までのおしょうゆより少し高くても、いいおしょうゆにする。おしょうゆひとつで、なんでもつくります。

調味料をいくつもそろえて、賞味期限が過ぎてムダになるより、一本化したほうが調理もカンタンだし、置くスペースも取らないし、本当にいいことだらけです。とにかく料理が早くつくれます。

30

よく使うものは出しっ放しがいちばん便利でキレイ

毎日使う菜箸、スプーン、小さじ、串は、別々の引き出しにしまわないで、まとめて出しておいたほうがとても便利です。

調理の途中、さっと使えます。ジャガイモやダイコンが煮えているか、つついてみる串やようじも2本ずつくらい出しておきます。

使うたびに、引き出しを開けて串やようじを出していたら、手間がかかるし、かえって引き出しの中がごちゃごちゃになって使いづらくなります。

私は、使うものだけをまとめて、コーヒーの空き容器に入れています。ビンが汚れたら、また、新しいコーヒーの空き容器を使います。コーヒーの空き容器がない時は、使わないカップやグラスでもいいでしょう。

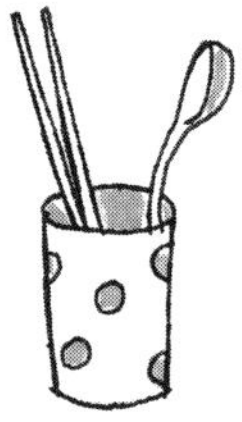

コップをひとつ出しておくと本当に便利です。

ちょっと水やお茶を飲む時など、コップはちょこちょこよく使います。

コップを使おうと思ったら水きりカゴの下のほうに、なんて、よくあること。コップの上にはどんぶりやお皿が乗っかって、身動きがとれない状態で……こんな時は本当にイライラします。

ささいなことなのですが、コップを出しておくだけで、こんなに便利だなんて、とよく言われます。収納雑誌の取材などで、キッチンにコップを出した写真が紹介されるととても好評です。

小さいお子さんのいる家では、「ママ、コップとって」と、ジュースや麦茶を飲むたびに言われて大変だったのが解消された、と喜んでくれます。

31

グラスとお鍋が光っているだけで、清潔感あふれるキッチンに

ひとり暮らしをしていると、きっとワンルームの人もいるでしょう。狭い部屋のキッチンが汚いと落ち着かないし、食事もおいしくありません。キッチンは清潔がいちばんです。鍋とグラスが光っているだけで、キッチンはよみがえります。

テレビ番組の企画で、あるお宅を訪問したことがあります。「5分後にお客様がくる」という設定で、部屋のどこを片づければキレイに見せられるか、アドバイスするというものでした。

玄関とテーブルをキレイにする、これだったら、5分もあればできることです。でもテーブルに座ると目の前にキッチンがあり、キッチンの汚れが目に入ります。

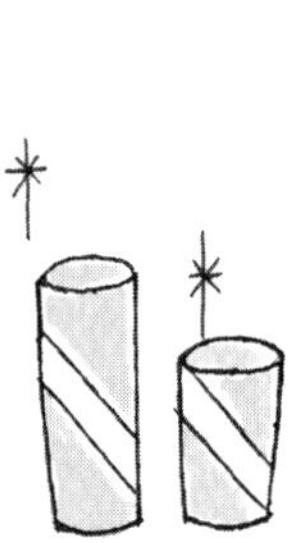

そこで、お客様の座る位置を変え、テレビに目がいくようにしたのです。キッチンの汚れは不潔に映るので、致命的なんですね。

以前に、やはりテレビの取材でしたが、あるお宅を訪問し、キッチンのテーブルで対談したことがあります。そのお宅では、家の中はものであふれていましたが、お鍋とグラスがピカピカに光っていて、目に飛び込んできました。狭いキッチンでしたけれど気持ちがよくて、コーヒーを入れてくださった時、おいしい！　と心底思いました。

これを知ってから、**忙しい時はガス台や流しをぜんぶ磨かなくても、グラスとお鍋だけは光らせています。これだけで、キッチンがスッキリ清潔に見える**のです。

私からの提案ですが、特別のお料理をつくらなくても、朝食をきちんと食べて、夕食も寄り道しながら何か食べるのではなく、できるだけ家でつくって食べるといいと思います。

できれば、お弁当も朝の残りものを詰めて会社に持っていき、近くの公園で食べてひとり時間をのんびり過ごしてほしいと思います。ランチ代を貯金すると、お金もどんどん貯まっていくでしょう。

お料理をつくりながら、ゆとりの気持ちを持って生きることの幸せをかみしめてほしい、これが私の願いです。

32 お鍋ひとつでゆでる、煮る、炒める

洋服の数が少ないと、着回しがうまくなってセンスが磨かれるのと同じで、調理もひとつのお鍋でつくると応用がいろいろきくようになります。

それにお鍋ひとつだと、洗う手間がかかりません。逆に、いくつもの鍋を使うとキッチンが狭くなり、それだけ作業がはかどらないことになります。

私はお料理の先生ではありませんが、どうしたらお料理をシンプルに手間をかけずにつくれるか工夫して、知ったことがあります。

お料理って、「ゆでる」「煮る」「炒める」「揚げる」「蒸す」という（他にもあるかもしれませんが）、どれかですよね。私が家でつくるお料理は、ゆでるか煮るか炒めるかがほとんどで、たまに蒸すか揚げるかします。

最初に炒める作業をすると、油の汚れでお鍋を洗うのが大変でしょう。

でも、「①ゆでる、②煮る、③炒める」の順序にすると、最後の炒めたお鍋を1回、洗うだけです。

次にお鍋ひとつでつくる方法をご紹介します。

33 ジャガイモとニンジンとダイコンをゆでておくだけで、いろいろな料理ができます

ひとつのお鍋でジャガイモとニンジンとダイコンをまとめてゆでます。ジャガイモは皮つきの丸ごとでＯＫ。柔らかくなったものから取り出します。そして、冷めてから容器に入れて冷蔵庫に保存しておきます。ゆでておいたジャガイモとニンジンとダイコンがこんなお料理に。

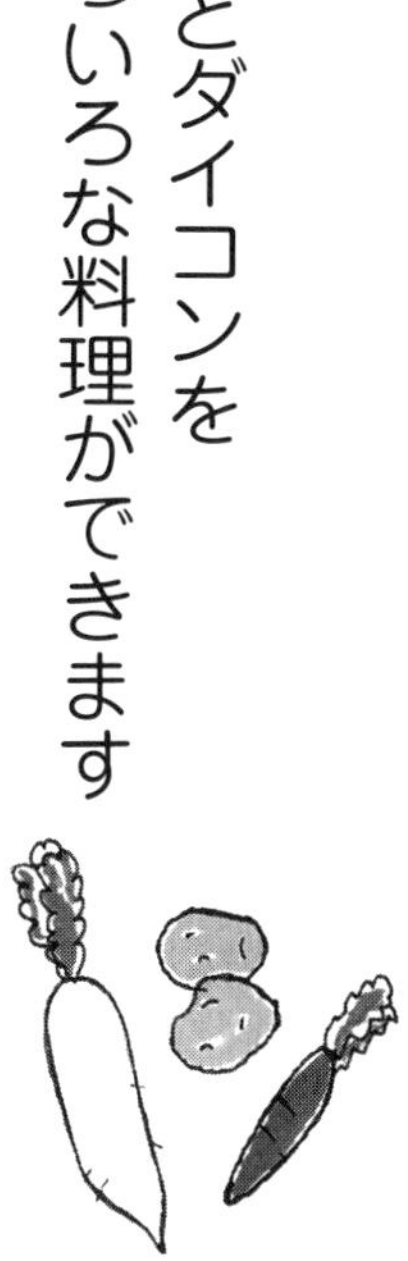

1　ポテトサラダ

ジャガイモをつぶして、ニンジンをみじん切りにして、もし、他の材料があれば、一緒にマヨネーズと混ぜればポテトサラダの出来上がり。

2　味噌汁

ジャガイモとダイコンを適当に切って味噌汁に入れるだけ。

3　カレー
ジャガイモとニンジンをカレー用の大きさに切って、タマネギと豚肉を炒めます。
4　煮物
ジャガイモとニンジンとダイコンをおしょうゆで味付けます。

他の材料があればなんでも加えていいでしょう。とりあえず、ジャガイモとニンジンとダイコンがゆでてあると、マヨネーズ、ケチャップ、ソース、しょうゆ、味噌と合わせていろいろな料理に使いまわしができます。さっとつくれるのでとても助かります。

調理をする時のお鍋も、できるだけひとつにします。
例えば、カレーと煮物をつくるとしたら、煮物が先です。
煮物が終わったら、その鍋をキッチンペーパーやティッシュで拭いて、油を少し垂らします。

お肉を炒めて、そこにゆでてあるジャガイモとニンジンを入れて、もし、タマネギを入れるようなら小さく切って、カレーのルーを混ぜます。

油で汚れた鍋はいったん拭き取ってから洗います。

ひとつのお鍋で、いくつもの調理をするために、「①ゆでる、②煮る、③炒める」の順番を覚えておいてください。

お皿を洗う時も、油ものが最後です。ティッシュで汚れを拭き取ってから洗うと、洗剤をあまり使わなくてすみますし、洗うのがラクですよ。

34

キッチンにグリーンがあると、まるで森林にいるみたい！

お料理がしたくなるキッチンにするために、グリーンをぜひ飾ってみてください。パセリなどは、1束で150円くらいですし、1年中、値段が変わらないのでおすすめです。

パセリが飽きたら、セロリの葉でもいいし、小松菜を根っこごと1本でもいいし、お料理に使う野菜のグリーンをグラスに入れておくだけで、キッチンはよみがえります。

こんなに楽しいこともありました。根っこごと野菜をグラスに入れて飾っておいたら、どんどん育って花が咲いたのです！

うれしくて、雑誌の取材の時に、「ほら、見て、キッチンで咲いた花」と、持っていって見せたら、他の人たちも大喜びでカメラでパチリ。

春先になると花のつぼみがついている野菜が出回ります。それから、旬《しゅん》の野菜だと香りがあり、まるで森林にいるみたいにさわやかです。キッチンは幸せな場所になって、お料理をつくるのが楽しくなります。

野菜でなくても、雑草のグリーンでもいいのです。お散歩の途中に見つけた雑草、雑木林の緑の葉っぱ。ぜひ、グリーンを飾ってみてください。

きっと、あなたのキッチンに幸せがいっぱい訪れることでしょう。

コラム

洗剤をかわいらしい化粧品の空き容器に詰め替えると、素敵なキッチンに

狭いキッチンに洗剤を丸ごと1本出しておくのは、とても不似合いです。それに、大きいと手がすべって使いにくいし、長く使っていると洗剤の容器そのものが汚くなります。

私はお化粧品の空き容器に詰め替えて、小出しにして使います。素敵な空き容器ならなんでもいいでしょう。汚れてきたら、また、他の容器に詰め替えます。

できるだけ洗剤は無添加のものにしましょうね。１００円ショップでも無添加の洗剤を売っています。

Chapter 6

効率のいい勉強や読書のための工夫

聡明な女性はテーブルを
知的な場所に変身させます

35 テーブルをキレイにすると奇跡が起こる！

前の章で、テーブルをキレイにするといいことが起こる！　と書きましたが、私はテーブルってすごい道具なんだな、人間が生活をする上でいちばん大切な場所なのだ、と思います。

テーブルには人生を変える力があるに違いない、と確信が持てたできごとがありました。3人の子どもを持つ母親が、「子どもたちが言うことを聞かないので、なんとかしてほしい」と、あるテレビ番組に応募したのです。私がその、相談相手になりました。撮影のため彼女の家に行きましたら、家は新築で外見はキレイなのに、家の中はものであふれかえり、足の踏み場もありません。ランドセルがあちこちに3つ放ってあり、テーブルの上はすき間もないくらいごちゃごちゃでした。

私がアドバイスしたのは「テーブルの上をキレイにする」でした。すると2週間

後、ディレクターから「すごいんです！　車を回しますから、見にきてください！」と電話が。

私は彼女と2週間ぶりに対面しました。家中がスッキリ！「えっ！　あの家が、たった2週間でどうして？」と驚いたのですが、しかも、それだけではありませんでした。

ご本人もイキイキしてまるで別人のように、輝く女性になっていたのです。

「子どもたちが、お母さんは変わらなくていい。ぼくたちが変わるからって……。ありがとうございます」と、私の手をとり涙を流しました。

「がんばったのね」と私も涙があふれてきました。

「テーブルの上をキレイにしたら周りの汚れているのが気になり、どんどんいらないものを処分したくなりました。そして、テーブルがキレイだと、気持ちがゆったりしてイライラしないので、子どもを叱らなくなりました」

このことがあってから、私はテーブルが生活の基本と考えるようになりました。

みなさんも覚えているでしょうけど、子どもはテーブルが大好きです。

ママのつくったおやつを食べながら字を覚えたり、お絵かきをしたり、家族がだんらんしたり……。

私は長年、時間簿®の調査をして約3000人以上の生活時間を見てきました。結局、「夫婦や家族の時間はテーブルでつくられる」と発見したのです。それで、テーブルだけでも数冊の本を出しました。

『たった一つのテーブルで夫婦仲が10倍うまくいく』(コスモトゥーワン)はそれらの調査をまとめたものです。これが雑誌で「ツキを呼ぶ魔法のテーブル」(『壮快』)、「魔法のテーブルセラピー」(『からだにいいこと』)と特集されると、たくさんの方からお手紙をいただきました。

全部をご紹介したいくらいですが、20代のひとり暮らしの女性からの手紙をご紹介します。

収納雑誌を見て、いざ、やろうと思ってもどこから手をつけていいかわらず何度も挫折しました。でも、テーブルならできそう、と思ってやってみました。家の中がごちゃごちゃしているのに、テーブルの上がきれいだとスッキリして見えるのでびっくりしました。

テーブルの上がきれいだと、帰宅したときに気持ちがほっとします。そして、休日に家で過ごす時間がなんとなく長くなり、料理をつくって食べるようになりました。お友達を家に呼んでみたくなりました。以前の私だったら出かけて行って、お友達とぶらぶらお店を見て回るか、電話で長話をしていましたが。出かけるのが減ったのでムダ遣いもしなくなりました。出かけグセは家が落ち着かなかったからかも。

テーブルをきれいにするということは、きっと、意識が変わることなのだと思います。今まではテーブルの上にパソコンを置きっ放しにして、インターネットをだらだらしていました。でも、パソコンをしまって使うときだけテーブルに出すようにしたら、インターネットもあまりしなくなりました。不思議です。

「魔法のテーブルセラピー」の特集で心理カウンセラーの先生によれば、テーブルは上に置くものや色で脳に刺激を与えたり、心を癒してくれる効果があるとのことです。

次項からは、テーブルを知的な場所に変身させるヒントをご紹介します。

36 テーブルを片づいた状態に保つコツ

ダイニングテーブルで頭のいい子が育つとか、勉強好きの子にする、こういう本が結構出ています。

私の友人も勉強のきらいな息子がどうしたら勉強をするようになるのか、試しに、ダイニングテーブルに辞書をさりげなく置いたそうです。その息子さんが志望大学に合格したと聞いて、やっぱりテーブルにはそんな力があるのだ、とますます意識するようになりました。

私も実際に、新聞が好きな子にするために、子どもが小学生の頃からダイニングテーブルに新聞をさりげなく置きました。今は21歳になりましたが、新聞に毎朝必ず目を通しているようです。

テーブルと勉強と読書の3つのキーワードで、とても参考になる体験談があります。

お姉さんと一緒に暮らしている女性ですが、片づけができないので、私のアドバイスを受けました。

とにかくテーブルからキレイにする。ところが、戻す、捨てる、をやっても、すぐ、テーブルがものでいっぱいになるので、せめて、3分の1を空けることにしました。

それもできなくて、5分の1を空ける、それをキープする、に挑戦しました。

やっとこれができるようになると、少しずつ片づけのコツがわかってきて、5分の1だったのが3分の1のスペースが空けられるようになったのです。そうすると、したいことにすぐに取りかかれるし、読書や趣味のことがすぐ始められるので、もっとテーブルのスペースを空けたくなってきました。

ますます、気持ちもゆったりします。

そして、テーブルがキレイでスッキリの状態に保てるようになりました。

37 すぐ、取りかかれるように勉強道具を出しておく

前項の女性のお宅にうかがったところ、なんと、せっかく片づいたテーブルに、お姉さんの**フランス語の教材が置いてありました。**

どうして？　**答えはテーブルにあったのです。**

驚いて私は言いました。

「あなたがキレイにテーブルを片づけているのに、お姉さんがちゃっかりと勉強の道具を置くなんて」

この女性がこう答えました。

「いいえ、姉はもともとフランス語の勉強をしていたのですが、私が同居するようになってテーブルの上を散らかすので、これまで勉強したくてもできなかったのです。

でも、テーブルをきれいにしておくようになってからは、朝起きてすぐ勉強に取りか

かれるように、寝る前に、テーブルに教科書を出しておいているのです」

私は感心するやら、うれしいやら……、ひそかに、テーブルは勉強と読書の知的な場所になるのだという自信を抱きました。

そして、さらに、こんな変化も起こりました。

テーブルにいつも最後に残るものを発見したのです。

今まではあまり意識しないでテーブルにものを置いていましたが、キレイにしようと思って片づけていくと、それでもいつも残ってしまうものがあることに気がつきました。

「寄り道して本を買っているので、本がどんどんたまり、本棚もいっぱいで元に戻せないからテーブルに置きっ放しにしてしまうのです。これがわかりましたので、もう、寄り道しないようにしました」とのこと。

これ以来、この女性は必要な本だけを買って、お茶アドバイザーの勉強をしているそうです。

「帰宅した時にほっとひと息つきながら勉強ができるように、朝、出かける前に教材をテーブルに出していくの」と、うれしそうに話してくれました。

お姉さんがフランス語の勉強のために夜、彼女はお茶アドバイザーの資格取得の勉強のために朝、二人でひとつのテーブルを交代に使って道具を出しておく……、素敵な姉妹ですね。

相乗効果ってこういうことなのです。

38 テーブルに辞書やゴージャスな雑誌を置く

さりげなく目についていて、知らず知らずにインプットされる。

テーブルにはそんな仕掛けがいっぱいあります。

美容院や銀行で待つ間に、ふと、目の前に置いてある雑誌などを手にとってみることがあると思います。

もし、開いたページがお料理なら、食べたい、今日つくって食べようかな、って思うし、旅行の特集なら、行ってみたいな、って思いますよね。

なんだか気持ちが本の中に誘われていきます。

そんなように、お部屋の中にも、勉強がしたくなるように、キレイになりたいと思うように、仕掛けをするのです。

私はときどきゴージャスな雑誌を置きます。

夜、リラックスしながらワインを飲む時、ゴージャスな雑誌をパラパラめくるのが大好きです。すぐ取り出せるように、テーブルの近くに置いておきます。パラパラめくっているだけで、気分がセレブに。

歴史の本もテーブルに出しておくことがあります。歴史が苦手なので、テレビで歴史ものを見ていても、ああ、ここが知りたい、と思いますが、それから本を探すのって大変ですものね。番組が終わってしまいます。

あなたも自分のために、テーブルにさりげなく何か置いてみませんか。

美しいものを置けば美的感覚が磨かれ、勉強の教材を置けば勉強がしたくなるでしょう。あなたのテーブルが知的な場所に変身することを願っています。

そして、いろいろなアイテムをテーブルに置いてみて生活を楽しく演出してください。テーブルはあなたを映す鏡です。イライラしていればイライラの状態に、めんどうくさい時はめんどうくさい状態に、やさしい時はやさしい状態に……テーブルは正直に語ってくれます。

39

たった5分でも続けると、頭がさぼらなくなるのです

きっと、将来こうなりたい、こんなことがしたい……、という夢があることでしょう。

英会話をもっと話せるようになりたい、Ｗｅｂデザイナーになりたい、ネイリストになりたい、いっぱいあってどれが本当の夢か、わからなくなる時があると思います。

でも、夢は描きつづけることです。たった5分でいいから続けること……。

例えば、5分間、英語の単語を覚えるとしましょう。たった5分といっても、単語がいくつか覚えられるでしょう。1日にふたつ、1週間で14個、1カ月で約60個の単語を覚えることができます。

5分間、続ける意味は、覚えた単語を忘れないためでもあるのです。

私は以前、ギターを教えていました。そのために毎日、練習しない日がありませんでした。楽器の練習は1日でも休むと、鈍ってしまうのです。

単語もせっかく覚えたのに、間をおくと忘れてしまいます。

たったの5分でも続けると、頭がさぼらなくなるのです。1週間で35分、1カ月で約150分（2時間30分）になるのです。これを1年間続けたら、どうなるでしょう。計算してみてください。

もし、5年間続けていたら、かなり英語が話せるようになるはずです。

頭の中にいつも英会話のフォルダがあるので、テレビを見ても、電車の中で外国人が英語を話していても、自然に英会話のフォルダに保存されていくようになるでしょう。

つまり、**継続するということは、頭の中の電源がｏｎ状態**、ということなのです。

ｏｆｆにすると、カギのかかった、ただの収納箱と同じです。

たとえ5分でも10分でも勉強を続けることは、あなたの未来のための知的財産になります。

40 わざと各駅停車に乗って寄り道しましょう

帰宅がいつもの時間より早くなった……、ついつい、足がどこかに向いていっちゃいそう……。

そんな時は、電車に乗って寄り道しましょう。つまり、わざと各駅停車に乗ったり、遠回りしたりするのです。

電車は、勉強に集中できる最高の場所です。動く図書室みたいなものです。あるいは、からだをゆったり休めて、ぼんやり、外の景色を眺めているうちに、頭の中は雑念が追い払われて空っぽになっていきます。

そのうえ、時間の制限がありません。途中、降りたくなった駅で降りて、戻ってくればいいのです。

私は夏の暑い日に、この寄り道をすることがあります。夏は夕方6時でも明るい

し、まだ暑いうちに、家までテクテク歩きたくないのです。それに、夕食の時間までに間に合えばいいわけですから。

中途半端な時間に帰っても、クーラーを入れて冷たい麦茶を飲んでダラダラするのがわかっています。

だったら、涼しい電車の中で、読みかけの本を読みきってしまう。あるいは勉強する。

こんなふうに過ごすと、なんだか、すごく得した気分になります。

そこで、今日は早く帰宅する日だから、30分だけ電車の寄り道をしようなどと決めて、それに合わせて、何を勉強するか目的を持って準備しておきます。

寄り道をしてムダ遣いするより、「電車の寄り道」のほうがどれだけ得が多いことでしょう。

聡明な女性は、このような寄り道が大好きです。

夢が迷子にならないようにしっかり、頭の中につないでおきましょう。

Chapter 7

心とからだのデトックス（アンチエイジング）

聡明な女性はからだが喜ぶための
小さな努力をおしみません

41

1日24時間を3つに分けると2時間増える?

仕事をしている人の中には、仕事のやるべきことだけを書き出して、優先順位をつける人がいますが、それは時間のことがあまりわかってないのです。私たちの日常は仕事だけでなりたってはいません。

雑用や掃除や銀行の振り込み、また、友だちと会っておしゃべりする、彼と会う、お料理をつくる、etc。すべてが生きていくための要素ではないでしょうか。

スケジューリングのうまい人は、こうした用事を体力の配分を計算して時間配分します。効率アップにつながり実質的に使える時間が増えるというものです。

そのために1日24時間を3つに分けます。

to doリストを、

- **頭・目を使うこと**
- **からだを使うこと**
- **気・神経を使うこと**

の3つに分けるのです。

私の場合だと、目を使うことは朝のスッキリした時間に、頭を使うことは、誰にも邪魔されない場所と時間を選びます。夕方、ウォーキングの時がよかったり、朝のカフェでコーヒーを飲みながらだったり、その時の気分でいろいろです。

人と会う仕事は、内容にもよりますが、気心の知れた相手だと午後3時すぎにします。気を使うことは午前に持ってきて、早く解決して他のことに集中するようにします。

からだを使うお掃除などは、時間をあまり気にせず朝にしたり仕事の途中に気分転換にしたり、からだにいいことを意識しながら運動のつもりでやっています。

コラム

からだと相談しながら、ｔｏ ｄｏリストの順位を変えましょう

女性は生理でお腹が痛くなる人、からだがだるくなる人、イライラする人など、いろいろな症状が起こります。こうしたことも計算に入れて、からだと相談しながら、1日24時間を3つに分けて使うことをおすすめします。

からだが喜ぶことを、大事にできる人は、すべてがうまくいく人です。

42

ムダをやめると からだが喜びます

最初に「ムダをやめたら、お部屋の中がスッキリ、気持ちもゆったり」と言いましたが、からだも同じです。ムダなことをやめるとからだが喜びます。

例えば、探しものでイライラする、ネットのしすぎで目が疲れた、寄り道してムダなお金と時間を使った。こうしたことは、自分からストレスの元をつくっているようなものです。**このムダによる時間と体力の浪費は計算できないくらい大きくて、それだけでなく、自らマイナスの波動をつくっています。**

マイナスの波動がひとたびからだの中で動き出すと、自分がどんなに今日はいい1日にしようと思っていても、上司の言った一言が気に障《さわ》る、お友だちが約束を破った、彼からメールがこない、電車の中で新しい靴を踏まれた、カードの支払いどうし

よう、などとマイナス思考がぐるぐる頭の中をめぐります。

そんな日は、アンチエイジングとして、からだが喜ぶことをしましょう。

からだが疲れている、もうひとりの自分をいたわってあげるのです。

かわいらしい黄色の花のブーケを買って、テーブルに飾ってみましょう。私も心身共に疲れている時はやさしい黄色の花を買ってきて飾ります。疲れた心をなごませ、元気を与えてくれます。そしてあったかいハーブティにレモン汁をたらしてみましょう。ビタミンCは酸化物質を取り除く効果があり、疲れをとってくれるそうです。ぬるめのお風呂にレモンの皮を浮かせて、ゆったりお湯につかってからだを癒してあげましょう。ぬるめのお湯は血行をよくして、レモンの香りは疲れた脳の神経を休めてくれるでしょう。

そして、あたたかいからだのまま、ベッドに入りましょう。

「がんばっている自分にありがとう」とつぶやいてみましょう。

からだが喜んでくれますよ。

43 駅ではエスカレーターを使わないで、階段を歩く

駅の階段は歩くだけでちょっとした運動になる、格好の場所。なのに、どうしてみんな、エスカレーターに乗るのでしょう。

私は都心に仕事の打ち合わせでよく出かけますが、どこの駅に長い階段があるのか、いくつか頭にインプットされているので、最初から歩くのを計画に入れます。

数年前に一戸建てに住んでいた時は、ガーデニングをしてからだを動かしたり、近くの緑道をウォーキングするのが、日課になっていました。

ところが、今、駅0分生活をしているので、歩く機会がめっきり減ってしまいました。歩くためにわざわざ遠くのスーパーにお使いに行くくらいですから。

それが、仕事に行く途中に階段があるのだから、こんないいチャンスを使わない手はありません。

駅の階段は大またで2段ずつ上ることもあるし、背筋を伸ばして足の筋肉を伸ばすように意識して歩くこともあります。

途中、息切れがしてきますが、上りきって下を見ると、ああ、こんなに歩いたんだ、なんて、うれしくなります。エスカレーターは人間をびっしり積んでいて、皆の顔を見ると、本当に疲れてまるで半病人のように無表情です。

歩けばいいのになぁ。

階段を歩いた後は、深呼吸をします。そして、私はいつも麦茶をバッグの中に入れて持ち歩いているので、ホームのベンチで飲みながら小休止します。

「駅の階段を3カ所歩いたので、今日はウォーキングのノルマを達成したぞ!」と、喜びながら。

あなたもめったに歩くことやからだを動かすことがないなら、せめて駅の階段を歩きましょう。これも立派な運動です。ダイエットにもなりますよ。

44 からだをあたためるだけで元気になる！

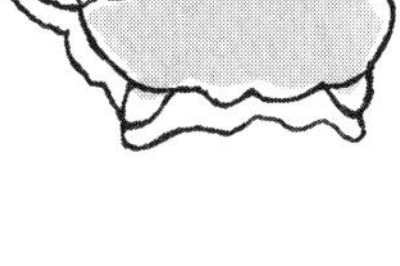

「からだをあたためるだけで病気が治る」というテーマが話題になりました。本当にそう思います。

若い女性は真冬でも薄着でそれに素足で、中には肩やお腹を出している人がいます。私が母親だったら、からだを冷やすのがいちばんよくない、って怒ってやります。

何年か前に、からだの調子が悪くてつらい時がありました。花粉症になったこともないのに春先にからだがだるくてだるくて、1日中、横になっていました。よほどひどい病気かも……そう思ったくらいです。私はもともと薬を飲まないので、中国の漢方の先生に診てもらいました。

「ストレスですね。自律神経からきているのでしょう。からだをあたためなさい」と言ってくださいました。

びっくりしたのですが、体温が36度以下だったのです。人間にとって理想の体温は36・5度だそうです。考えてみたら、あの時は手も足も冷えていました。

体温を36・5度に上げるために、できることはすべてしました。スポーツはもちろん、あったかいドリンク、あったかい靴下、あったかい下着、夜も血流にいいマットを敷いて寝ました。今は手も足もほかほかして、私の手を触った人はあたたかいと言ってくれます。

からだの調子がとてもいいです。

からだをあたためるのがいいとわかってから、なんだか今日は調子が悪いな、と思った時は、とにかくからだをあったかくしています。靴下をはくだけで違います。なので、私は短いストッキングをバッグの中に、夏でも冬でも入れています。

ペットボトルにお湯を入れて湯たんぽにして寝ると、とっても気持ちがいい。

足が冷えて眠れない時、生理痛でつらい時、ペットボトルにお湯を入れて湯たんぽをつくってタオルで巻いて寝てみてください。すやすや眠れます。

教えてあげた人たちは、電気アンカよりいいと言って、みんな喜んでくれました。

45 笑うだけで心とからだのデトックス

ひとり暮らしをしていて、家の中で笑うことってありますか？

「笑い」って、からだにいいそうですよ。腹の底から笑ったあと、頭も気持ちも本当にスッキリしてますものね。

長生きの秘訣は、クヨクヨしないで笑うこと、というくらいですから。笑うとお腹の筋肉が動くので内臓も運動して、息をいっぱい吸うから酸素が脳に運ばれていく、ってことなんでしょうね。

私は本でも映画でも、コメディーよりもハラハラとドキドキが好きで、テレビ番組にサスペンスがあると、朝から予定に入れるくらいです。でも、最近笑ってないなと思う時は、あえてお笑い番組を見て、大げさに声を出して笑うように努力します。

ＣＭの時は、ストレッチをして、また、番組を見て笑います。中には、本当に笑えるものがあり、大爆笑してしまいます。

不思議と、笑った後はやさしい心になります。こんな時は得したなって思います。こんなやさしい気持ちで人と接していたら、人間関係に何も悩むことはないのになあ……。

さあ、笑いましょう。笑っていると、脳が笑うことが好きになって、笑いたがります。

ストレスを発散する手っ取り早い方法。笑いはお金をかけずに、いつでもどこでもできる。**きっと、笑いは神様からのプレゼントだと思います。**

だから、笑うと病気もなおり、人間関係もうまくいき、気持ちも楽しくなるのだと思います。

笑っていると幸運がどんどんやってきますよ。

寄り道がしたくなったら
いつも歩く道をたまには変えてみる
そして名前をつけてみる
公園のある道は　思い出と遊ぶ道
朝日の降り注ぐ道は　未来を夢見る道
夕日の美しい道は　ありがとうの道
今日はどの道を歩こうかな……

PHPの本

いいこといっぱい！

朝・夜15分のハッピー時間術

金子由紀子 監修／シダエリ 絵

朝と夜15分ずつ、計1日30分。この時間をどう使うかで人生が大きく変わります！ベストセラー『スッキリ朝とゆったり夜』の第二弾！

定価九四五円
（本体九〇〇円）
税五％

〈著者略歴〉
あらかわ菜美（あらかわ　なみ）
1987年より横浜市の田園都市・港北ニュータウンで、女性の生き方をテーマにしたタウン誌の発行に携わる。自身を含め、育児と家事に追われる毎日を過ごす主婦たちの時間の悩みを考える中から、1999年に考案した「時間簿®」が新聞、雑誌、テレビなどに取り上げられ話題になる。その後、時間デザイナー、ライフデザイナーとして、時間を上手に使いながら、少ないもので幸せにかしこく暮らすライフデザインを提案している。
主な著書に、『「ワタシ時間」をつくる時間簿®のすすめ』（講談社）、『聡明な女性の時間の節約生活』（三笠書房）、『かしこい奥さま心得帖』（ＷＡＶＥ出版）、『たった一つのテーブルで夫婦仲が10倍うまくいく』（コスモトゥーワン）、『時間デザイナーのSIMPLE手帳』（自由国民社）、『かしこいママの魔法の時間簿®』（すばる舎）、『出しっぱなし整理術』（ＰＨＰ研究所）他多数。

気持ちよく生きるための「ちいさな実行」
ひとり暮らしのお部屋と時間

2008年５月26日　第１版第１刷発行

著　者　あらかわ菜美
発行者　江口克彦
発行所　ＰＨＰ研究所
東京本部　〒102-8331　千代田区三番町３番地10
文芸出版部　☎03-3239-6256（編集）
普及一部　☎03-3239-6233（販売）
京都本部　〒601-8411　京都市南区西九条北ノ内町11
PHP INTERFACE　http://www.php.co.jp/

制作協力
組　版　ＰＨＰエディターズ・グループ
印刷所
製本所　図書印刷株式会社

ISBN978-4-569-69855-7